Fascicule, n° 3.

LIGUE SAINT-MARTIN

CONFÉRENCE DU 29 AVRIL

SUR

LES INTÉRÊTS POPULAIRES

EN 1848 ET AUJOURD'HUI

PAR

M. PIERRE DE LA GORCE

Magistrat démissionnaire.

ARRAS

IMPRIMERIE DE LA SOCIÉTÉ DU PAS-DE-CALAIS

P.-M. LAROCHE, DIRECTEUR

Rue d'Amiens, 41 & 43.

1883

Fascicule, n° 3.

LIGUE SAINT-MARTIN

CONFÉRENCE DU 29 AVRIL

SUR

LES INTÉRÊTS POPULAIRES

EN 1848 ET AUJOURD'HUI

PAR

M. PIERRE DE LA GORCE

Magistrat démissionnaire.

ARRAS
IMPRIMERIE DE LA SOCIÉTÉ DU PAS-DE-CALAIS
P.-M. LAROCHE, DIRECTEUR
Rue d'Amiens, 41 & 43.

1883

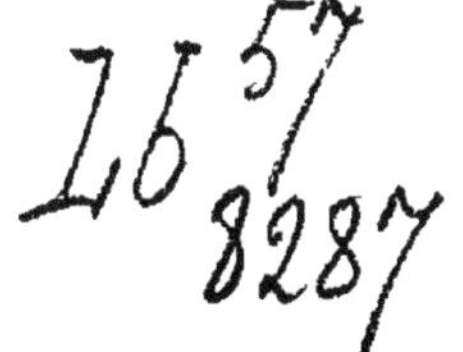

LIGUE SAINT-MARTIN

Dimanche 29 avril a eu lieu, à la salle de la rue des Louez-Dieu, une conférence de M. de La Gorce, sur les intérêts populaires et la manière dont les entendent les gouvernements démocratiques.

Quatre cents personnes assistaient à cette réunion, présidée par M. André Bernard. MM. Cavrois, le colonel Milliroux et Victor Proyart étaient au bureau.

Avant de donner la parole au conférencier, M. André Bernard, le sympathique industriel de Courrières, l'ancien et vaillant soldat de Pie IX, a prononcé le discours suivant qui a été très vigoureusement applaudi par l'assemblée :

Messieurs,

Si je n'avais écouté que le sentiment de mon peu de mérite, j'aurais décliné l'invitation qui m'a été faite de venir présider cette imposante réunion et dont je remercie les auteurs et j'aurais laissé cet honneur à un plus digne. En acceptant cette charge, j'ai cédé à mon désir d'apporter une adhésion chaleureuse à cette jeune ligue de Saint-Martin, qui, rompant avec les habitudes d'inertie de la majorité honnête en France, veut opposer à l'union des gredins la ligue des braves gens et, par la parole, les écrits et au besoin la force, combattre les ennemis qui menacent notre pauvre société. Ce sera un honneur pour la ville d'Arras, que cette pensée féconde ait germé et se soit développée dans son sein. Souhaitons que ce bon exemple soit suivi et que, par toute la France, l'anarchie rencontre, comme une barrière infranchissable, la ligue des bonnes volontés et des énergies honnêtes fédérées pour la défense de l'ordre social, sous le patronage de ce grand saint français, saint Martin.

J'ai tenu aussi, Messieurs, à venir entendre la parole du jeune et éloquent orateur qui a bien voulu nous faire profiter de ses savantes et laborieuses études sur ce mal dont nous souffrons depuis bientôt un siècle, la Révolution. Permettez-moi de rendre hommage en sa personne, à cette foule de glorieux magistrats qui, mettant leur honneur plus haut que leur intérêt, ont jeté naguères leur démission à la face de ceux qui leur demandaient une infamie. C'est un fait unique dans l'histoire que cette imposante protestation de six cents magistrats, sacrifiant leur position et leur avenir à leur respect pour le droit et pour la justice. Certes ces vieux magistrats français, qui s'honoraient de rendre des arrêts et non pas des services, ont dû tressaillir dans leurs tombes à l'écho des fiers accents de leurs successeurs et ont dû les juger dignes de leurs devanciers.

Aussi, Messieurs, n'est-il pas aujourd'hui de plus haut titre à l'estime des gens de cœur que celui de magistrat démissionnaire. Les hommes de bonne volonté, à quelque opinion qu'ils appartiennent, qui composent cette réunion, sont faits pour comprendre et admirer ce grand et consolant exemple, et aussi pour le retenir. M. Pierre de la Gorce est, vous le savez, une de ces glorieuses victimes du devoir. La brillante carrière que lui promettaient ses succès à la cour d'assises de Saint-Omer, il l'a sacrifiée sans hésitation le jour où sa conscience le lui a commandé. Mais s'il a jeté sa robe de magistrat à qui voudrait la ramasser, le jour où il a craint qu'on ne voulût en faire la livrée du servilisme, il n'a pas renoncé pour cela à cette noble tâche à laquelle il s'était voué : la défense de la société. C'est en volontaire aujourd'hui qu'il combat les malfaiteurs, et ce n'est plus devant la cour d'assises, c'est devant le tribunal de l'opinion publique qu'il requiert contre eux. Ceux qu'il poursuit, ce ne sont plus de vulgaires assassins ou de simples voleurs, ce sont ces politiciens scélérats, plus dangereux cent fois que les pires récidivistes, que nous avons vu avec indignation depuis douze ans s'élever à mesure que la France s'abaissait.

Ce sont ces empoisonneurs publics qui ont

enivré de leurs flatteries vénéneuses ce pauvre peuple souverain, qui est bien le plus naïf et le plus dupé des souverains. C'est eux qui, par leurs excitations malsaines et leurs promesses mensongères, ont éveillé ces appétits dont le cri aujourd'hui leur fait peur et qu'ils parlent de réprimer à coups de fusil. Ces grands trompeurs, M. de la Gorce s'est attaché à les démasquer. Il a fouillé dans les archives révolutionnaires pour mettre leurs paroles en face de leurs actes. Il nous dira comment ils entendent ce gouvernement à bon marché qu'ils nous ont tant promis. La banqueroute en 93, les 45 centimes en 48 et aujourd'hui le rétablissement de la dîme sur les rentiers. Financièrement et moralement, Messieurs, l'avènement de ces hommes néfastes a toujours été une ruine pour la France. Nos ennemis les plus cruels l'ont bien compris, aussi ne cachent-ils pas leur volonté de nous les imposer. Ils comptent sur ces traîtres, inconscients, je l'espère, pour achever la désorganisation de la France et la leur livrer affaiblie et parée pour le démembrement. Le mot sinistre de Kosciusko, *Finis Poloniæ*, aurait-il une variante à la fin de ce siècle, et sommes nous condamnés, comme le disent certains, à entendre un jour cette effroyable sentence *Finis Galliæ?* Ne le croyons pas, Messieurs, Si dix justes auraient pu sauver la coupable Sodome, la France compte parmi ses enfants assez d'hommes de cœur et de dévouement pour mériter son salut. Une nation ne meurt pas qu est capable de donner d'aussi magnifiques exem ples que celui dont nous parlions tout à l'heure: la démission en masse des magistrats des parquets, lors de l'exécution des décrets.

Une nation ne meurt pas qui possède une armée assez dévouée à la patrie pour accepter sans révolte, elle qu'on pourrait appeler le conservatoire de l'honneur français, d'être commandée par un parjure et pour se conserver en courbant le front pour le jour où la patrie l'appellera à son secours. Une nation ne meurt pas chez qui le sentiment religieux est encore assez vivace pour inspirer cette grande résistance aux lois athées et la reconstitution merveilleuse de l'école catholique à mesure que le gouvernement la démolit. Une nation ne meurt pas qui ne veut pas mourir et, certes, cette réunion et tant d'autres qui ont lieu sur tous les points du territoire sont les preuves d'une vitalité intense et d'une véritable volonté de vivre.

Ayons confiance en Dieu qui aime la France, Messieurs, et espérons qu'il aura encore besoin de la France pour remplir dans le monde un autre rôle que celui d'ilote ivre. Pour accomplir l'œuvre du relèvement et de la libération de notre pays, il aura peut-être besoin de nos dévouements, peut être même dans un temps peu éloigné. Soyons donc prêts à faire notre devoir quel qu'il soit, et tâchons de le connaître. En votre nom je remercie M. de la Gorce d'être venu nous aider à le distinguer.

La parole est à M. de la Gorce.

CONFÉRENCE DE M. DE LA GORCE.

M. de la Gorce remercie, en des termes d'une modestie charmante, M. André Bernard des éloges décernés au magistrat démissionnaire et au conférencier infatigable. « Il y a quelque chose de plus modeste que de parler de soi modestement, dit-il, c'est de n'en pas parler du tout. Ainsi s'exprimait M. de Tocqueville, souffrez que je fasse de même. »

L'orateur vient dire de quelle façon les intérêts populaires ont été entendus par la République de 1848. Et s'il vient parler de la seconde République, tandis qu'il serait si facile de parler plutôt de la troisième, c'est qu'il est utile d'étudier les sophismes du passé afin de les signaler lorsqu'ils se reproduisent exactement dans le présent.

Après avoir sommairement rappelé comment s'accomplit la Révolution de 1848, l'orateur s'exprime ainsi :

Le 24 février, un gouvernement provisoire, composé d'abord de cinq membres, puis de sept, enfin de onze, s'installait à l'Hôtel-de-Ville et, après avoir proclamé la République, déclarait modestement que jusque-là l'égoïsme avait régné en souverain dans la politique et que, grâce à eux, le bonheur du peuple était désormais assuré.

Eh bien ! Messieurs, je m'arrête ici, car nous voici au cœur même de notre sujet. Comment s'y est-on pris pour assurer le bonheur de la population ? C'est ce qu'il est assez instructif de savoir ; c'est ce que je voudrais rechercher avec vous ; c'est même tout le sujet de notre entretien.

Il y a plusieurs manières de faire ce qu'on appelle le bonheur du peuple. Il y a d'abord l'ancienne manière. Celle-là parle peu, est économe de promesses, ne se vante pas des progrès qu'elle réalisera, ne prétend pas ouvrir d'ère nouvelle, n'étale point de grands programmes, ou, si elle en émet, n'en émet que de réalisables, n'invente point de système pour doubler les salaires et quadrupler les capitaux, n'éblouit pas, ne dogmatise pas, ne tranche pas, travaille beaucoup, mais travaille silencieusement, modestement.... si modestement que, lorsqu'elle a produit quelque bien, on ignore le plus souvent que c'est à elle qu'on le doit... Les hommes d'Etat de cette école croiraient commettre une impertinence envers la nation s'ils affectaient de séparer par leurs discours les différents groupes qui la composent : ils respectent également le riche et le pauvre, pensent que la richesse est sainte lorsqu'elle est dignement employée, et la pauvreté plus sainte encore lorsqu'elle est dignement supportée ; ils servent également l'ouvrier et le campagnard, puisque, dans l'économie sociale, chacun d'eux a un rôle indispensable ; ils protègent également le travailleur de la main et de la pensée, parce que tous deux contribuent à enrichir ou à honorer la patrie ; ils n'interrogent ni le croyant sur sa croyance, ni l'incroyant sur son incroyance, parce que les choses de la conscience sont en dehors et au-dessus du pouvoir civil. Ils croient avoir rempli leur devoir lorsqu'ils ont garanti la paix aux frontières, l'ordre dans les rues, l'économie dans l'administration des deniers publics et ils tiennent pour une vérité d'expérience que le travail, la modestie, la suite dans les idées font la bonne politique, que la bonne politique à son tour fait les bonnes finances et que toutes deux assurent à tous, sauf les crises inévitables que Dieu nous envoie, une existence paisible, un travail régulier, honnête et convenablement rétribué.

Ces hommes-là travaillent, non spécialement pour les pauvres, non spécialement pour les riches, non spécialement pour les ouvriers, non spécialement pour les campagnards, mais pour tous, parce que tous sont les membres de la patrie. Ils travaillent, mais ne se vantent pas, en sorte que leur nom est à peine populaire. Suivant les temps, ils s'appellent le duc de Richelieu, pansent, après de longues guerres, les plaies de la patrie et lorsque le Parlement leur vote pour prix de leurs services une récompense nationale, ils l'envoient aux hospices de leur ville natale ; ils s'appellent Villèle, et on peut leur appliquer ce que Saint-Simon dit de Vauban, à savoir qu'il surveillait les deniers publics comme un amant passionné surveille sa maîtresse; ils s'appellent Guizot, et ils font voter cette belle et généreuse loi de 1833 sur l'instruction primaire qui, en rendant à César ce qui est à César, n'ôte rien à Dieu de ce qui est à Dieu. En Angleterre, ils s'appelleront ou sir Robert Peel, l'intelligent novateur, ou Lord Aberdeen, le renom de l'honnêteté dans le Parlement britannique.

Ces hommes d'Etat, même lorsqu'ils s'occupent spécialement des intérêts populaires ou d'institutions philanthropiques, sont dominés par la préoccupation d'éloigner d'eux tout ce qui pourrait ressembler au charlatanisme ou à la réclame pour eux ou pour leur parti. S'ils construisent des écoles, s'ils subventionnent des logements ouvriers, s'ils créent des caisses de retraite pour la vieillesse, ils ont plus souci d'être vraiment utiles que de se rendre populaires, et ils sont trop modestes et trop fiers à la fois pour se donner, avec l'argent des contribuables, un renom menteur de magnificence ou de générosité.

Un dernier trait les marque. Comme généralement ils ne se disent pas libéraux, ils ont, dans la pratique, souci de la liberté d'autrui. Ils sont trop soucieux des droits des autres pour tout entraver et tout attirer à eux.

S'il y a des chemins de fer ou des canaux, ils ne s'ingénient pas à les absorber; s'il y a des mines, ils laissent les Compagnies exploiter en paix le fer ou la houille ; s'il y a des Compagnies d'assurance, ils les laissent passer leurs contrats; s'il y a quelque part des moines qui prient Dieu dans leurs cellules, ils ne croient pas glorieux de briser la porte de ces cellules ; s'il y a des religieux ou des religieuses qui donnent l'instruction aux enfants, qui soignent les malades, ou recueillent les vieillards, ils se félicitent que l'Etat soit déchargé d'autant; ils se disent que, toute considération religieuse à part, le Code pénal perd tout ce que le bon Dieu gagne ; et même devant un catéchisme, ils ne tombent pas en pamoison.

Si quelque institution de bienfaisance et d'instruction s'élève, ils ne s'effraient pas. Ils laissent la liberté faire son œuvre. Eux, ils se contentent de gouverner et, lorsqu'après un nombre d'années plus ou moins longues, ils rentrent dans la retraite, ils demandent à Dieu de leur pardonner leurs fautes et à leur pays de se souvenir d'eux.

Voilà une première manière de travailler au bonheur du peuple. Cette manière-là, elle est modeste comme le bon sens, elle n'attire point d'applaudissements, elle n'appelle point d'acclamations, elle ne provoque point les adresses ou les félicitations des travailleurs qui ne travaillent pas.

Ceux qui en recueillent les fruits, ce sont ceux dont, mon Dieu ! on ne s'occupe guère, ceux qui ne parlent pas, n'écrivent pas, ne manifestent pas, quelquefois même (et ils ont bien tort) ne votent pas, ce sont tout simplement les citoyens paisibles, les laboureurs honnêtes qui tracent leur sillon ou recueillent leurs gerbes sous les rayons du soleil et à la sueur de leur front ; les ouvriers laborieux qui travaillent les six jours de la semaine et se reposent le septième ; qui économisent de mois en mois pour que leur maison soit à eux ; qui n'aiment pas à ce que la feuille du percepteur augmente d'année en année, même sous prétexte de fonder des écoles laïques ou de s'immortaliser en Tunisie ou ailleurs ; qui, ayant acquis quelques coupures de rente, n'aiment pas qu'on en diminue le revenu sous couleur de conversion; qui, bien qu'ils n'entendent pas grand'chose à la politique, pensent que ce qu'il faudrait convertir, ce n'est pas la rente, mais le gouvernement lui-même; qui, vivant dans la paix de leur foyer, n'ont d'autre joie que leur intérieur, d'autre rêve que l'avenir de leurs enfants, qu'ils souhaitent plus heureux et plus prospères qu'eux, mais respectent les lois de Dieu. Voilà les bénéficiaires de la politique que je viens d'indiquer, et j'ajoute que voilà les victimes d'une autre politique qu'il me reste maintenant à décrire.

Il y a, en effet, une autre manière de travailler au bonheur du peuple : c'est celle des gouvernements dits démocratiques et ce fut par excellence celle de la République de 1848, tellement qu'en étudiant cette époque, on peut apprendre à connaître cette manière elle-même. Le 24 février, onze personnages, dont sept au moins étaient parfaitement inconnus, s'installent à l'Hôtel-de-Ville et ils disent avec une sérénité parfaite : Nous, nous ne sommes pas comme les tyrans anciens ; nous sommes des démocrates, et en notre qualité de démocrates, nous avons une méthode particulière pour rendre le peuple heureux.

Eh bien ! cette méthode particulière je l'ai bien étudiée, et je crois que, tout compte fait, elle se résume dans les trois traits suivants :

Premier trait, une aptitude merveilleuse à tout promettre.

Deuxième trait, une aptitude non moins merveilleuse à ne rien tenir.

Troisième trait, une aptitude bien plus merveilleuse encore à poser, comme en se jouant, les principes les plus dangereux et à s'étonner lorsque, d'aventure, ces principes produisent leurs fruits.

Le premier trait, dis-je, c'est une aptitude merveilleuse à tout promettre.

Le vrai démocrate a une facilité à tout promettre qui n'est égalée que par sa facilité à dépenser l'argent des contribuables.

A peine les derniers bruits de l'insurrection de Février se sont-ils apaisés, que, de l'Hôtel-de-Ville, partent à flots les proclamations, les adresses, les protestations, les engagements, les félicitations, les congratulations, tellement qu'on eût dit que, jusque-là, la vie avait été une chose absolument intolérable. — Ouvriers, mes frères, disent les membres du gouvernement provisoire, ouvriers mes frères, vous avez remporté une grande victoire : elle est due d'abord à votre héroïsme, ensuite à la lâcheté d'une royauté corruptrice et corrompue. Cette fois, votre triomphe ne vous sera pas ravi comme en 1830, et vous allez en recueillir les fruits les plus abondants. Le premier de ces avantages, c'est d'être gouvernés, non plus par un tyran comme Louis-Philippe, mais par onze hommes d'Etat comme nous. Vous avez en nous les talents les plus variés : Lamartine le poète et Arago l'astronome, et ces deux-là, à vrai dire, étaient grands ; Dupont de l'Eure, ce vénérable vieillard qui a connu Mirabeau et Lafayette comme nous vous connaissons ; de plus, un assez grand choix d'avocats, Crémieux, Marie, Ledru Rollin, avec cela Garnier Pagès, qui, s'il ne sait pas grand'chose, est du moins le frère d'un homme éminent, ce qui est capital dans un gouvernement où le mérite personnel est tout, Louis Blanc qui est l'apôtre de l'ouvrier, Albert qui n'est pas seulement l'apôtre de l'ouvrier, mais qui est ouvrier lui-même.

Nos fonctionnaires seront tout à fait à notre niveau. Nous n'avons qu'à frapper du pied pour faire sortir de vous toutes les capacités qui, dans le parti démocratique, pullulent à l'état latent ; et nous allons envoyer dans les départements une série de commissaires qui seront ornés de toutes les vertus : l'urbanité, le souci de la légalité, la gravité des mœurs, l'amour du bien public. Et ce qu'il y a encore de plus avantageux, ouvriers, mes frères, c'est que votre bonheur ne finira pas. Lorsque nous quitterons le pouvoir, (oh ! le plus tard possible, nous y sommes si utiles,) lorsque nous quitterons le pouvoir, vous aurez une constitution et, en vertu de cette constitution, il y aura un président.

Si, comme il y a lieu de l'espérer, vous écartez toute présidence princière, vous verrez alors combien il est plus avantageux et plus flatteur de vivre sous un président que sous un roi. Les rois étaient le plus souvent mous, indolents, indifférents à la chose publique, n'avaient d'ardeur que pour chasser à Rambouillet, à Marly ou à Compiègne. Les présidents seront tellement dé-

voués pour l'amour du bien public qu'il n'y aura à craindre qu'une chose, c'est qu'avant l'expiration de leur mandat, la lame n'ait usé le fourreau. Les rois n'avaient eu que la peine de naître, les présidents auront eu, outre cette peine commune à tous, la peine d'arriver. Les rois étaient généralement égoïstes, songeaient à pourvoir leurs enfants de places et d'apanages. Ainsi, le tyran Louis-Philippe demandait des dotations pour ses fils, pour le duc de Nemours, imposait le duc d'Aumale pour gouverneur de l'Algérie, donnait au prince de Joinville une influence prépondérante sur la flotte. Ce n'est pas avec le président de la République qu'on aura à craindre de tels abus : lui, il n'aura d'autre famille que la nation, et, s'il a des frères, des gendres, que sais-je, c'est tout au plus si le pays le saura.

Les rois étaient souvent intéressés, cupides, amis d'une épargne sordide, témoin l'ex monarque qui poussait l'incivisme jusqu'à accumuler dans les caisses des coupons de rente étrangère, comme si en vérité il se défiait de nous Un vrai président de République ne connaîtra les immeubles que par ouï-dire et la Bourse que de réputation. Il aura la porte toujours ouverte et la main toujours étendue : et il est plus que probable qu'à l'expiration de son mandat, il aura tellement ébréché son patrimoine qu'il faudra lui faire une pension sur le Trésor public. Les ministres imiteront l'intégrité de leur maître... de leur maître ! à vrai dire du principal commis du peuple, car, sous la République, il n'y a pas de maître.

Croirait-on que, sous Louis-Philippe, il y a eu jusqu'à six crises ministérielles, ce qui fait une crise en trois ans. C'était une vraie pitié ! Eh ! oui, au sein même du conseil, ce n'était que jalousies, intrigues, luttes d'amour-propre.

M. Duchatel jalousait M. Guizot, M. Guizot jalousait le maréchal Soult. Quoi d'étonnant qu'avec un pareil régime, on n'ait rien fait pour le peuple !

Avec la République, comme tout cela va changer ! Plus de crises, plus d'intrigues, à quoi bon ? puisque le désintéressement sera l'état normal. Et si, d'aventure, les ministres, après avoir accompli une foule de réformes toutes plus avantageuses les unes que les autres, venaient à disparaître, l'esprit de renoncement civique serait si grand, qu'il est presque sûr qu'on aura beaucoup de peine à leur trouver des remplaçants. Tout sera à l'avenant. Les fonctionnaires inférieurs prendront modèle sur les fonctionnaires d'en haut.

Sous la Monarchie, l'administration était lente, tracassière, formaliste ; le public attendait dans les bureaux, était souvent mal reçu et éconduit : ce qui n'était pas étonnant, les satellites du tyran se modelant sur le tyran lui-même. Aujourd'hui, grâce à l'application de notre devise : Liberté, égalité, fraternité, devise que nous allons même écrire sur toutes les murailles, afin d'être sûrs de ne pas l'oublier, nous allons opérer de véritables miracles ! Les services de préfecture deviendront actifs ; le génie militaire sera accommodant ; les ponts-et chaussées auront bon caractère; l'enregistrement ne sera plus fiscal ; les contributions indirectes seront d'un commerce agréable et le percepteur sera un ami donné par le ministère des finances, en sorte que nous réaliserons dans la vie politique cette parole que l'un des nôtres, M L. Blanc, a placée en tête de ses livres : «Que celui qui est le premier d'entre nous se fasse le serviteur de tous. »

Ce n'est pas tout, et la politique extérieure sera le digne pendant de la politique intérieure, car la diplomatie, c'est, avec les finances, le fort des républiques. Ce pauvre petit gouvernement de Louis-Philippe avait une politique de petites vues et de petits moyens. Et pourtant, ce n'était pas faute de se donner du mal pour choisir ses diplomates : il cherchait de grands seigneurs, comme M. de Talleyrand ou M. de Jarnac; ou bien des maréchaux, comme le maréchal Sébastiani, le maréchal Soult ou le maréchal Maison ; ou des hommes illustres dans les lettres et les sciences, comme M. Guizot, M. de Barante ou M. de Rossi Nos diplomates ne seront ni grands seigneurs, ni maréchaux, ni illustres. Oh non! nous répugnons à ces petits moyens d'influence. Mais la République aura tant de prestige qu'elle pourra en céder à tous ses agents, tout en en gardant énormément pour elle-même, en sorte que nous serions fort étonnés si notre habileté ne devenait dans peu d'années proverbiale en Europe et si nous n'avions bientôt des alliances à n'en savoir que faire et des succès à ne savoir où les enregistrer.

Voilà, en matière politique, le côté des promesses; ne croyez pas que j'exagère. Si le temps me permettait de citer les extraits des proclamations insérées au *Moniteur*, de reproduire le langage de M. Garnier-Pagès, de M. Louis Blanc, de M. de Lamartine, de faire passer sous vos yeux les procès-verbaux de l'enquête qui a eu lieu plus tard sur cette époque étrange, vous verriez que je n'invente rien à toutes ces promesses de bonheur, de félicité, de liberté et de grandeur.

En matière économique, les promesses prennent une forme plus précise.

Dès le 24 février, les députations d'ouvriers assiègent l'Hôtel-de-Ville, ouvriers qui demandent le droit au travail ; ouvriers qui demandent à moins travailler ; ouvriers qui se plaignent de ne pas gagner assez ; ouvriers qui sollicitent, mon Dieu ! une chose bien simple, d'être mis en possession des ateliers de leurs patrons ; ouvriers qui réclament fraternellement l'expulsion des travailleurs étrangers en général et des travailleurs anglais en particulier ; ouvriers qui demandent libéralement la suppression du travail dans les prisons, dans les couvents et généralement dans tous les lieux où l'on pourrait leur faire concurrence. A tous le gouvernement prodigue les promesses, les éloges ; à tous il verse à flots l'eau bénite démocratique ; les ouvriers n'ont qu'à parler, ils sont sûrs d'être écoutés. Ils réclament le droit au travail ! Qu'à cela ne tienne, on leur concède le droit au travail, on leur fait même le don du million échu de la liste civile! Se plaignent-ils de n'avoir pas de travail, on va créer des ateliers nationaux. Ils veulent qu'on étudie leurs vœux, immédiatement on institue une commission, avec Garnier-Pagès pour président et Albert pour vice-président, chargée de les étudier. Ils se plaignent d'être exploités par les entrepreneurs, vite on va abolir le marchandage, fonder des associations, mettre à la disposition des travailleurs de vastes locaux, leur assurer des commandes. On leur prodiguera les discours, et même les vins d'honneur.

En matière financière, même facilité à tout promettre.

Lorsque M. Garnier-Pagès prend le ministère des finances, il commence par faire le procès de ses prédécesseurs. Il prend la peine d'expliquer dans un long rapport que les ministres, MM. Lacave-Laplagne, Humann et Dumon sont de véritables dilapidateurs. Croirait-on que cet affreux gouvernement a fait un emprunt de 450 millions sans guerre, et pour des travaux militaires ou d'utilité publique, et que sept ans plus tard, en novembre 1847, il ait eu l'impudence de faire un nouvel emprunt de 250 millions en rente 3 0/0 à 75 francs, emprunt soumissionné par la maison de

Rothschild ? Deux emprunts en sept ans, voilà qui confond l'âme républicaine de M. Garnier-Pagès. Ce qui le confond plus encore, c'est le montant de la dette flottante qui était de 627 millions.

Ce qui le confond plus que tout le reste, c'est que depuis 1845 le budget est en déficit, et que, pour couvrir ce déficit, on est obligé de recourir aux réserves de l'amortissement. Heureusement la République, qui ne connaît les déficits que par les récits des historiens, est arrivée à point pour opérer le relèvement national. Et M. Garnier-Pagès se lance à corps perdu dans la carrière aventureuse des promesses. On ne verra plus des budgets de 1,800 millions. Et en effet on n'en a plus vu, ils sont partis sans retour. On va faire de grandes choses qui ne coûteront presque rien. On aura de l'argent pour créer des ateliers nationaux, de l'argent pour rapatrier les ouvriers nationaux, de l'argent pour nourrir à l'étranger les ouvriers qui ne veulent pas revenir, de l'argent pour secourir les combattants de février. On donnera 4 0|0 aux déposants des caisses d'épargne.

La République n'aura pas recours aux procédés financiers des gouvernements monarchiques.

Sous Louis-Philippe, on attendait l'échéance du coupon pour le détacher. La République paie les coupons avant l'échéance elle fait des cadeaux, tant le numéraire abonde.

Voilà le côté des promesses.

Voici celui des déceptions.

L'histoire du gouvernement de 48 et des gouvernements similaires peuvent se résumer en un tableau synoptique à deux colonnes. Une première colonne très grande pour les engagements pris, une deuxième colonne, aussi très grande, pour les engagements protestés.

Au point de vue politique, rien n'est changé, sauf en pis. Les ministres se jalousent, se supplantent.

« Nos séances, dit Arago, ressemblent à des batailles où la moitié d'entre nous n'avait d'autre souci que de chasser l'autre. »

Les ambassadeurs n'étaient plus de grands seigneurs ; s'ils n'avaient pas le prestige de la naissance, ils n'en avaient aucune autre.

Quant aux commissaires envoyés dans les départements, M. de Lamartine a dit comment les choix étaient faits. Les membres du gouvernement faisaient des séries de décrets et nommaient des commis-voyageurs, des héros politiques, des hommes qui n'avaient pas réussi dans les affaires.

L'orateur brosse ici un tableau très coloré de la réception que faisaient à ces commissaires la population ou les comités républicains. Les commissaires étaient reconduits prestement à la gare, obligés quelquefois de sauter par les fenêtres

Ou bien la préfecture était souvent occupée déjà par un commissaire désigné par les comités locaux. D'où conflits qui se terminaient par le départ du commissaire envoyé de Paris

Voilà pour les progrès en matière administrative et politique Il ne restait de bon que ce qu'on n'avait pas eu le temps de bouleverser.

Au point de vue économique, voici ce qui se passait.

On avait dit à l'ouvrier : On va abolir l'impôt du sel et les droits d'octroi sur la viande et le vin. Finalement, l'impôt du sel a été maintenu et les droits d'octroi aussi.

On avait dit à l'ouvrier : On réduira les heures de travail, on te soutiendra contre la tyrannie des entrepreneurs Finalement, les décrets sur la réduction des heures de travail et sur le marchandage tombèrent en désuétude.

On avait dit à l'ouvrier : Si tu veux fonder des associations, on mettra à ta disposition des locaux et des commandes ; bientôt les associations ouvrières étaient en liquidation.

On avait dit à l'ouvrier : Quand vous aurez besoin de conseil ou d'avis, venez à l'Hôtel-de-Ville. Hélas! on lui servit des discours qui, à part ceux de Lamartine, étaient bien mauvais.

On avait dit à l'ouvrier : Vous ne serez plus exploité par les patrons. Et de fait, il ne le fut plus, car les patrons, faute de travail, durent renoncer à l'employer.

Dans les ateliers nationaux on traita les ouvriers de frères, tant qu'on les craignit, et de perturbateurs à mitrailler, quand on n'en eut plus peur.

Le *Moniteur*, par une note en date du 4 mars, rappelait que les impôts seraient tous perçus comme par le passé. On pouvait s'attendre à des dégrèvements ; mais le gouvernement était obligé de suivre les errements financiers des monarchies.

La feuille du percepteur qui survit à tous les régimes ne nous laisse pas ignorer que les impôts se paient par douzièmes échus. Le 9 mars, le *Moniteur* recommandait aux contribuables de payer les douze douzièmes. A partir de ce moment chaque jour marque une désillusion nouvelle.

On assure aux porteurs de livret des caisses d'épargne que rien n'est plus sacré que l'épargne du pauvre, elle est sous la sauvegarde de la loyauté de la nation, et le 9 mars le *Moniteur* apprend que les caisses d'épargne ne rembourseront que 100 francs en numéraire, le reste sera payé en une monnaie spéciale, très commode pour les besoins du ménage, et qui consiste moitié en bons sur le Trésor à échéance de six mois et en 5 0|0 au pair.

Le 3 0|0 et le 5 0|0 luttent d'agilité et de souplesse dans les cours descendants. M. Garnier-Pagès regarde avec une mélancolie profonde sa caisse vide. Le crédit se resserre. Il faut proroger l'échéance des billets de commerce. le numéraire se fait rare. Le cours forcé des billets de banque est décrété. Le gouvernement se retourne alors vers les campagnards. Ceux-ci commençaient à se remettre de la crise agricole de 1846 et faisaient paisiblement leurs semailles. Il est juste qu'ils paient l'honneur d'être électeurs et d'être républicains, d'avoir des clubs, d'avoir onze souverains au lieu d'un seul, et de vendre d'ailleurs très mal leurs denrées. C'est alors qu'il juge nécessaire d'ajouter aux quatre contributions directes les 45 centimes que vous savez.

Quidquid delirant reges, plectuntur Achivi.

Ce ne sont plus les rois qui délirent, mais les Achéens paient plus que jamais.

M. de la Gorce indique comment les gouvernements révolutionnaires posent de faux principes et s'effraient lorsque ces principes produisent leurs fruits. C'est ce qui est arrivé en 1848. A la politique de l'imprévoyance a succédé la politique de l'abaissement. On se refugie dans le despotisme pour échapper à une anarchie pire que celle dont on est sorti.

Telle fut la comédie du bonheur du peuple. On ne l'a pas assez étudiée, sans cela on n'eût pas été tenté de la recommencer.

Hélas ! on l'a recommencée et, à certains égards, en l'aggravant beaucoup. Vous rappelez-vous de ce mot du cardinal Maury : « Je m'estime peu quand je m'examine, beaucoup quand je me compare. » Ce mot, Messieurs, je l'applique volontiers aux républicains de 1848. Quand je les examine, quand je les vois avec les trois caractères que j'ai décrits, je me dis qu'il est bien difficile de faire pis. Seulement, après avoir regardé au loin, je regarde près, oh ! très près, et alors je suis porté à les remercier du mal qu'ils n'ont pas fait et je me dis :

Républicains d'il y a trente ans, vous n'avez pas fait de bien et, en revanche, vous avez fait beaucoup de mal ; vous avez tout promis et vous n'avez rien donné, si ce n'est toutefois une aggravation de misère. Vous avez passé votre temps à semer de mauvaises herbes, et à vous étonner lorsque ces herbes poussaient. Et cependant vous avez une certaine grandeur, une certaine grandeur par comparaison. Parmi vous, il y avait Lamartine et Arago qui représentaient le génie, qui depuis a perdu l'habitude d'être représenté.

Lorsque vous avez quitté le pouvoir, vous étiez pauvres comme en y entrant et, si vous n'avez pas enrichi le pays, du moins, vous ne vous êtes pas enrichis non plus.

Si vous n'avez pas su donner la liberté, au moins vous ne l'auriez pas profanée et ce n'est pas vous qui l'auriez traitée de « guitare aux cordes vieillies qu'on relègue au grenier ». Vous étiez moins désintéressés que vous ne l'avez prétendu : cependant un certain souffle de générosité passait parfois dans vos poitrines et montait jusqu'à vos lèvres. Par-dessus tout, vous avez respecté le nom de Dieu. A peine le canon de la bataille de février avait-il cessé de tonner que déjà vous rendiez au corps de N.-S. J.-C. les hommages qui lui sont dus. Dans la salle de l'Hôtel-de-Ville, où étaient déposés les cadavres des victimes de l'insurrection, un prêtre était appelé. Aux Tuileries, qui étaient transformées en hospice, un prêtre était amené aussi et nul n'aurait songé à lui disputer la place dans cet asile de la souffrance. Les gardes nationaux se rendant spontanément à l'archevêché pour faire bénir leur drapeau, et l'archevêque, déjà marqué pour le martyre, étendait les mains sur eux. Lorsque les prêtres et les religieux vous présentaient les enfants de leurs orphelinats, vous ne leur demandiez pas en vertu de quelle loi existante ils faisaient le bien, mais Lamartine leur disait de sa belle voix pure et harmonieuse : Laissez venir à moi les petits enfants. Il a été réservé à d'autres, plus tard, de détacher le crucifix des murs de l'école et de le briser en morceaux sur le plancher, de placer l'oppression des formalités administratives entre le malade qui agonise sur un lit d'hôpital et le prêtre qui, à la porte et dans l'anxiété, cherche à deviner les signes du repentir et les marques de l'heure de Dieu.

Vous, du moins, vous n'avez pas eu l'idée d'une telle besogne : et tenez, nous avons été si peu gâtés depuis, rien que pour cela, je serais presque tenté de vous aimer. Vous n'avez pas songé à une telle œuvre ; et, c'est pourquoi, si le pays est devenu malade entre vos mains, au moins cette maladie n'a pas été mortelle.

En terminant, M. de la Gorce demande à son auditoire la permission de rappeler un souvenir familier : Une vieille femme se mourait, après avoir subi le traitement de tous les charlatans qui s'étaient chargés de la guérir. Passe un professeur de faculté en villégiature, il donne ses soins à la pauvre malade et la guérit. Elle vit encore. Je l'ai vue, dit-il, heureuse, entourée de ses enfants et petits enfants, assise à la porte de sa chaumière, à l'ombre de son platane héréditaire, bénissant Dieu de l'avoir si visiblement protégée.

Eh bien ! Messieurs, cette pauvre femme c'est l'image de la France. Malade, elle aussi, elle a demandé la guérison à tous les empyriques, à tous les rêveurs, à tous les politiciens. Tous l'ont adandonnée après l'avoir exploitée. Mais, j'en ai la confiance, un jour viendra où le vrai médecin s'approchera d'elle, sondera les plaies de la noble et grande blessée, se penchera vers elle et lui dira : Tu es bien malade, mais je vais me consacrer exclusivement à toi : Mon bien sera ton bien, ton bonheur mon bonheur ; je n'aurai pas d'autre fortune à refaire que la tienne. Je t'aimerai tant que je te guérirai. Oui, je te guérirai avec l'aide de Dieu!

Cette pathétique péroraison est accueillie par une salve prolongée d'applaudissements.

M. André Bernard remercie l'orateur d'avoir terminé sur une parole d'espérance qui restera dans nos cœurs, et ajoute qu'il nous reste à faire notre devoir, à combattre les gouvernements qui meurtrissent et deshonorent la France et à préparer l'avenir.

Arras, Imp. du *Pas-de-Calais*, P.-M. Laroche, directeur.

www.ingramcontent.com/pod-product-compliance
Ingram Content Group UK Ltd.
Pitfield, Milton Keynes, MK11 3LW, UK
UKHW021926230726
13925UKWH00007B/1966

9 782014 054071